HANES Y DDAEAR
LLOSGFYNYDD

LIONEL BENDER
TROSIAD GAN BERWYN PRYS JONES

DREF WEN

CBAC

Cyhoeddwyd dan nawdd
Cynllun Llyfrau Darllen
Cyd-bwyllgor Addysg Cymru.

© 1988 Franklin Watts
© 1989 y testun Cymraeg
gan Wasg y Dref Wen
Cyhoeddwyd gyntaf yn Saesneg
gan Franklin Watts Ltd
dan y teitl *Volcano*.
Cyhoeddwyd yn Gymraeg
gan Wasg y Dref Wen,
28 Ffordd yr Eglwys,
Yr Eglwys Newydd, Caerdydd.

Argraffwyd yng Ngwlad Belg.

Cedwir pob hawlfraint.

Dyluniwyd gan Ben White.

Ymchwil lluniau gan Jan Croot

Lluniau: Peter Bull Art

Ffotograffau:
J. Allan Cash Ltd 16
GeoScience Features *clawr*, 9, 11, 27, 28
Hutchinson Library 17, 19, 29
Rex Features/Sipa Press 1, 13, 14, 15
Survival Anglia 7, 21, 23, 24, 25
ZEFA 10, 12, 22, 31

HANES Y DDAEAR
LLOSGFYNYDD

LIONEL BENDER
TROSIAD GAN BERWYN PRYS JONES

CYNNWYS

Rhagymadrodd	4
Arwyddion perygl	6
Echdoriad	8
Craig hylif boeth	10
Lludw a bomiau	13
Llaid a nwy	14
Y cyfnod tawel	17
Bywyd yn dod yn ôl	18
Ail echdoriad	20
Côn gwag	23
Yn dal yn fyw	24
Wedi hir dawelu	26
Pobl a llosgfynyddoedd	28
Geirfa	30
Ffeithiau am losgfynyddoedd	31
Mynegai	32

Rhagymadrodd

Hanes llosgfynydd nodweddiadol gewch chi yn y llyfr hwn. Mae'n esbonio sut y caiff llosgfynydd ei ffurfio a beth sy'n digwydd pan fydd yn echdorri. Fe edrychwn ni hefyd ar y gwahanol fathau o losgfynyddoedd sydd i'w cael yn y byd. Mae rhai ohonynt yn dal i dasgu mwg a chreigiau hylif poeth. Mae eraill yn cysgu.

▽ Bydd llosgfynydd fel arfer yn ffurfio pan gaiff y graig dawdd boeth y tu mewn i'r Ddaear ei gwthio drwy'r gramen. Ar ôl i'r graig dawdd ffrwydro o gopa'r llosgfynydd bydd yn llifo i lawr dros y tir o amgylch. Yn raddol bydd yn oeri ac yn troi'n graig solet. Bob tro y bydd llosgfynydd yn echdorri, caiff mwy o ddeunydd tawdd ei chwythu allan nes bod haen ar ben haen o graig dros y tir.

Rydym wedi rhannu hanes llosgfynydd yn ddeg cam. Fe welwch chi nhw yn y lluniau bach isod. Ar y dechrau, mae'r llosgfynydd yn llonydd a thawel. Yna, yn sydyn, mae'n echdorri ac yn chwythu cymysgedd o nwyon a chreigiau o'i berfeddion, fel y gwelwch chi yn y prif lun isod. Yn olaf, bydd yn tawelu, ond fe all echdorri eto.

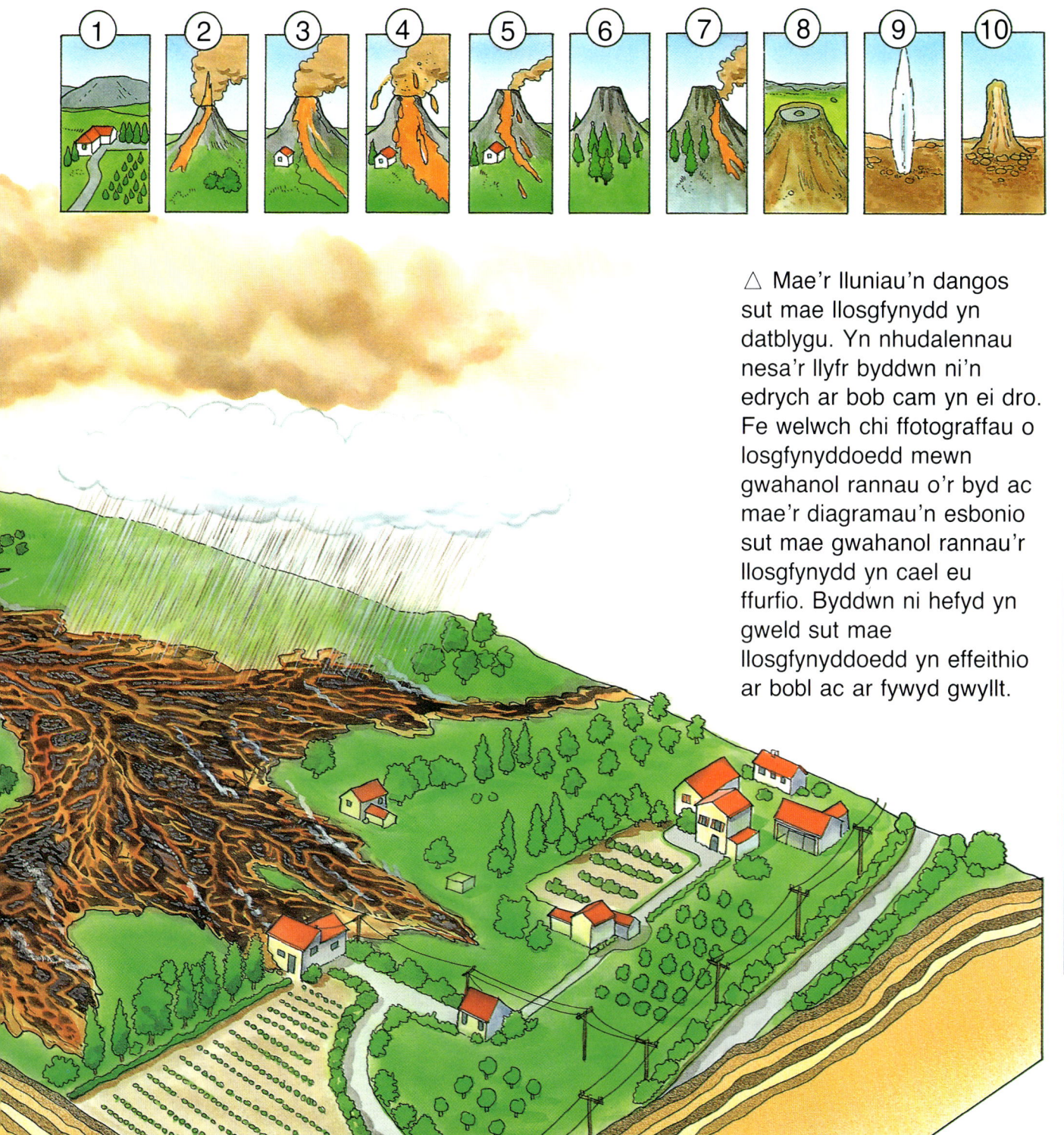

△ Mae'r lluniau'n dangos sut mae llosgfynydd yn datblygu. Yn nhudalennau nesa'r llyfr byddwn ni'n edrych ar bob cam yn ei dro. Fe welwch chi ffotograffau o losgfynyddoedd mewn gwahanol rannau o'r byd ac mae'r diagramau'n esbonio sut mae gwahanol rannau'r llosgfynydd yn cael eu ffurfio. Byddwn ni hefyd yn gweld sut mae llosgfynyddoedd yn effeithio ar bobl ac ar fywyd gwyllt.

Arwyddion perygl

Fel arfer fe gewch chi arwyddion clir bod llosgfynydd ar fin echdorri. Yn gyntaf, bydd y ddaear yn dechrau crynu. Yna, wrth i'r graig grasboeth gronni o dan yr wyneb, bydd ochrau'r côn yn chwyddo a bydd nwyon annifyr yn dianc o holltau yn y graig. Ond dydy hyn ddim yn dweud wrthym pryd yn union y bydd y llosgfynydd yn echdorri. Efallai na fydd unrhyw rybudd o gwbl.

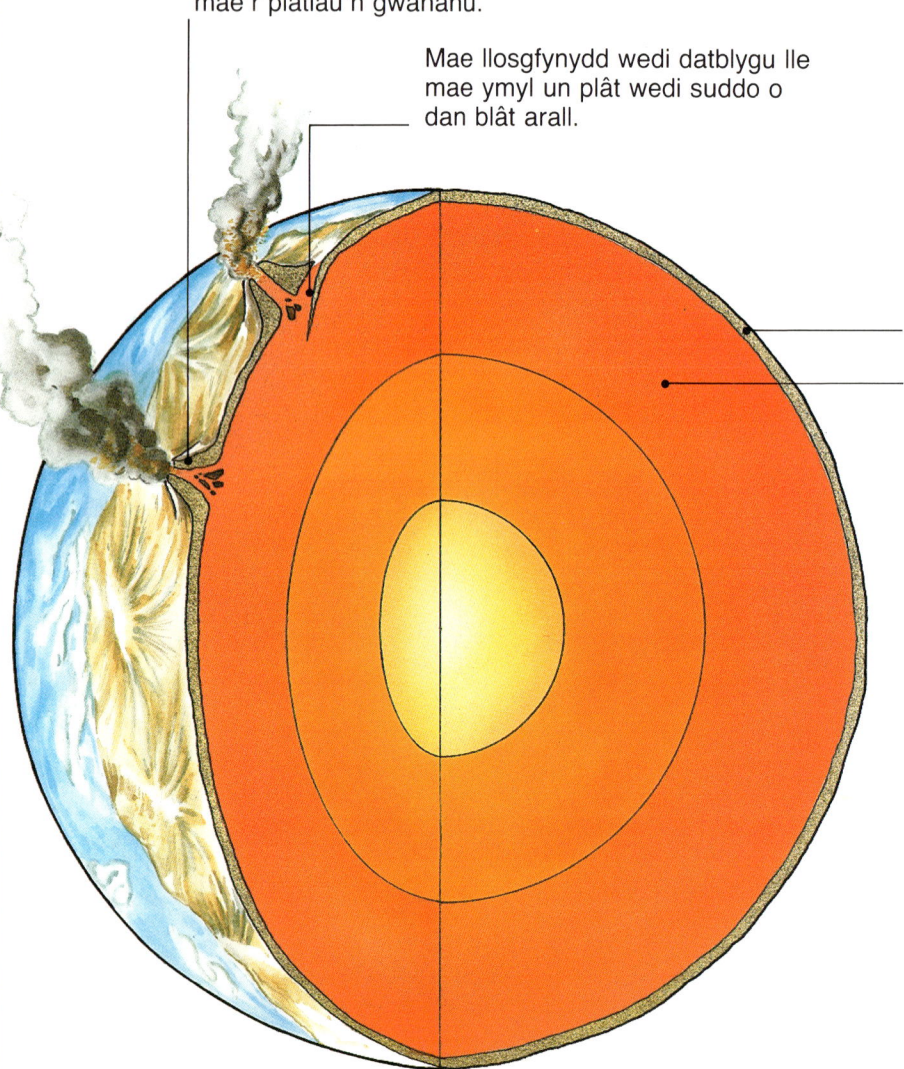

Mae llosgfynydd wedi datblygu lle mae'r platiau'n gwahanu.

Mae llosgfynydd wedi datblygu lle mae ymyl un plât wedi suddo o dan blât arall.

▷ Bydd llosgfynydd fel arfer yn edrych fel mynydd siâp côn, a thwll yn y top. Mae'r llosgfynydd hwn ar Ynys White, Seland Newydd. 'Agorfa' yw'r enw ar y twll, ac allan ohono fe ddaw'r deunydd tawdd. Bydd yr agorfa'n lledu yn y top ac yn creu cafn neu grater.

Cramen
Mantell

◁ Y gramen yw'r enw ar haen allanol y Ddaear. Mae wedi ei ffurfio o slabiau o graig gannoedd o kilometrau ar eu traws. Mae'r slabiau — neu 'platiau' — hyn yn arnofio ar haen o graig hylif boeth o'r enw'r 'fantell'. Lle bydd y platiau'n cyfarfod ac yn rhwbio yn erbyn ei gilydd, bydd ymyl un plât weithiau'n llithro o dan y plât nesaf. Bydd llosgfynyddoedd yn aml yn ffurfio yn y mannau hyn. Bydd llosgfynyddoedd hefyd yn ffurfio lle mae platiau'n gwahanu.

Echdoriad

Pan fydd llosgfynydd yn echdorri, bydd deunydd tawdd chwilboeth yn ffrwydro ohono a'r ddaear yn siglo ac yn crynu. Allan o'r agorfa bydd ffrwd fawr o nwyon, llwch, ager a phob math o graig boeth yn saethu'n uchel i'r awyr. Mae'r sŵn yn fyddarol ac yn frawychus. Weithiau bydd llosgfynydd yn ffrwydro'n deilchion mewn ychydig funudau. Does gan neb amser i ddianc. Gall y nwyon gwenwynig a'r darnau o graig ladd popeth byw.

▷ Craig dawdd a nwyon yn ffrwydro o agorfa llosgfynydd yn Hawaii yn y Cefnfor Tawel. Fe geir llosgfynyddoedd fel hyn lle mae'r gramen yn hollti a gwahanu. Fel arfer maent yn llydan a gwastad am fod y graig dawdd yn llifo'n rhydd iawn. Bydd yn llifo am bellter cyn oeri a chaledu'n graig ddu galed. Ar wely'r môr ceir y rhan fwya o'r llosgfynyddoedd hyn.

▽ Lle mae un o blatiau'r gramen yn llithro o dan un arall, mae hynny'n creu llosgfynydd o siâp côn. Yma mae'r graig dawdd yn dew a gludiog fel triog. Bydd yn oeri'n gyflym ac yn caledu gan ffurfio craig lwyd. Bydd y llosgfynyddoedd hyn yn echdorri'n ffyrnig iawn. Mewn ardaloedd mynyddig y ceir y rhain fel arfer.

Llosgfynydd siâp côn ag un agorfa.

Llosgfynydd llydan a gwastad sydd â sawl agorfa.

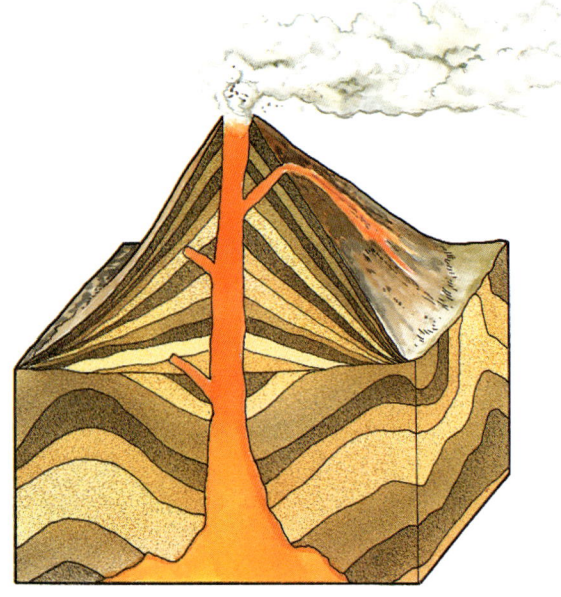

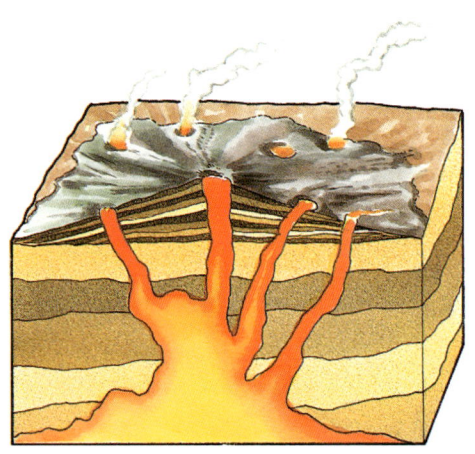

Craig hylif boeth

Ar ôl i'r llosgfynydd ffrwydro, bydd magma'n llifo allan. Dyma'r graig dawdd chwilboeth sy'n dod o fantell y Ddaear ymhell islaw. Pan fydd y magma'n cyrraedd yr wyneb, bydd y nwyon a'r ager yn dianc a'r magma'n troi'n lafa. Gall grym yr echdoriad chwythu'r lafa'n uchel i'r awyr gan greu 'ffynhonnau tân' ac afonydd llachar o graig dawdd. Bydd llif y lafa'n difa pob coeden ac adeilad sydd ar ei ffordd.

▷ Lafa chwilboeth yn llifo o losgfynydd Kilauea, Hawaii, ac yn goleuo'r nos. Mae ynysoedd Hawaii yn codi o'r môr yn union dros ddarn o wyneb y Ddaear lle mae cramen newydd yn ffurfio. Mae llawer o losgfynyddoedd byw yn yr ardal hon, a'r lafa'n tasgu allan ac yn llifo dros y tir. Lle bo'r lafa'n llifo i'r môr, bydd cymylau o ager yn codi o'r dŵr i'r awyr.

◁ Pobl leol yn anobeithio wrth weld y lafa'n llifo ar hyd llethrau Mynydd Etna yn Sicilia. Mae'r llosgfynydd yn fygythiad cyson i'w tai a'u tir ffermio. Mae'r lafa'n dew ac yn symud yn araf, ond all y bobl wneud dim byd i'w rwystro. Gyda'r lafa daw darnau enfawr o graig solet.

Lludw a bomiau

Mae'r magma poeth yn oeri wrth godi i'r wyneb. Mae peth ohono'n caledu wrth ddod i fyny. Caiff y darnau caled eu chwythu allan yn yr echdoriad. Lludw ydy'r enw ar y darnau lleiaf, sydd tua'r un maint â marblys, a bomiau ydy'r enw ar y rhai mwy. Dydy rhai llosgfynyddoedd ddim yn cynhyrchu unrhyw lafa hylif — dim ond lludw a bomiau. Yn y flwyddyn 79 O.C. fe ffrwydrodd llosgfynydd Vesuvius yn yr Eidal fel hyn gan gladdu Pompeii, y dref oedd yn ei ymyl, yn llwyr.

▽ Bom crwn o losgfynydd yn Jawa yn ne-ddwyrain Asia. Mae tu allan y bom wedi cracio wrth oeri, fel crystyn ar dorth o fara. Weithiau bydd lwmpyn o lafa tawdd yn oeri'n fom solet wrth hedfan drwy'r awyr. Yn aml, bydd y bomiau hyn yn debyg i siâp deigryn a gallant fod mor fawr â char.

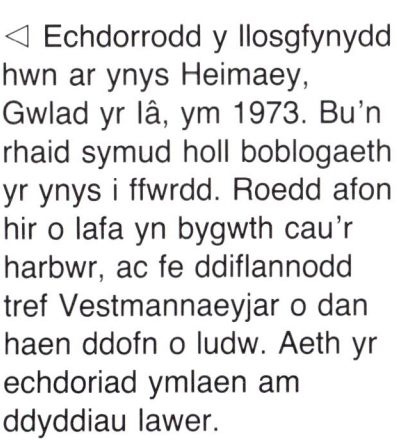

◁ Echdorrodd y llosgfynydd hwn ar ynys Heimaey, Gwlad yr Iâ, ym 1973. Bu'n rhaid symud holl boblogaeth yr ynys i ffwrdd. Roedd afon hir o lafa yn bygwth cau'r harbwr, ac fe ddiflannodd tref Vestmannaeyjar o dan haen ddofn o ludw. Aeth yr echdoriad ymlaen am ddyddiau lawer.

 **Llaid a nwy**

Yn ogystal â lafa a lludw, bydd y llosgfynydd yn gollwng ager a nwyon. Daw'r ager o ddŵr sydd wedi treiddio drwy'r creigiau o'r môr neu o afonydd. Bydd y dŵr yn berwi wrth gyrraedd y magma poeth. Ar ôl i'r ager gael ei daflu i'r awyr, bydd yn oeri ac yn troi'n ddafnau o ddŵr. Gall fod cymaint o ager nes gwneud storm fawr o law. Pan fydd y glaw yn cymysgu â'r lludw sydd newydd ddisgyn, bydd yn ffurfio llaid tew, du.

▽ Ysgubodd llifeiriant o laid o losgfynydd drwy dref Armero yn Colombia, De America, ym 1986 gan ladd llawer o bobl. Mae'n debyg mai o rewlif — afon o rew a gaiff ei ffurfio gan eira trwm — ar fynydd gerllaw y daeth y dŵr a gynhyrchodd y llaid. Roedd gwres y llosgfynydd wedi toddi'r rhewlif.

△ Ym 1986, yn Cameroun, Gorllewin Affrica, bu farw llawer o ffermwyr a'u hanifeiliaid pan dasgodd nwy carbon deuocsid o Lyn Nyos, llyn oedd yng nghrater llosgfynydd. Ar ôl bod yn cronni ers tro, chwythodd y nwy allan yn sydyn megis o botel lemonêd.

Gall y llaid lifo i lawr y mynydd gan ddinistrio tai ac achosi llawn cymaint o niwed â'r lafa. Mae'r nwyon a ddaw o'r magma yn cynnwys nwyon swlffwr gwenwynig a charbon deuocsid. Os caiff llawer iawn o nwyon eu rhyddhau, gallant fygu pobl a bywyd gwyllt yr ardal.

Y cyfnod tawel

Ar ôl ychydig ddyddiau, neu fisoedd efallai, bydd yr echdoriad yn peidio a'r llosgfynydd yn tawelu — yn troi'n fud. Bydd yr agorfa'n tagu a'r crater yn llenwi â deunydd creigiog. Fydd gwres y graig ddim yn ddigon i doddi'r eira sy'n disgyn ar y copa. Gall rhewlifoedd ffurfio mewn dyffrynnoedd oer. Bydd y llosgfynydd yn troi'n fynydd cyffredin a gall aros felly am flynyddoedd lawer neu hyd yn oed am byth. Ond does dim sicrwydd na fydd yn ffrwydro eto.

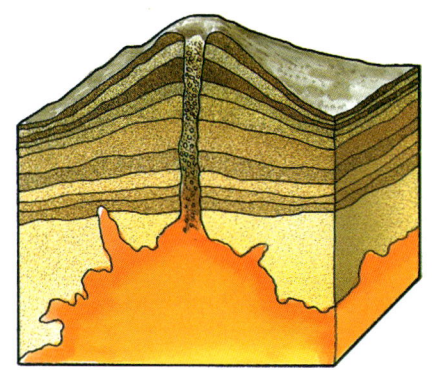

△ Bydd llosgfynydd fel arfer yn troi'n fud pan gaiff yr agorfa ei llenwi â lafa sydd wedi caledu. Plwg ydy'r enw ar y graig solet hon. Ond bydd y magma islaw yn hylif o hyd.

◁ Ffrwydrodd Mynydd St Helens yn nhalaith Washington, UDA, yn ffyrnig ym 1980. Ychydig o fisoedd yn ddiweddarach, fe beidiodd yr echdoriad, ond roedd miloedd o kilometrau sgwâr o goedwig wedi eu difetha'n llwyr.

▷ Bum mlynedd yn ddiweddarach, roedd planhigion yn tyfu ar ochrau'r mynydd ac roedd anifeiliaid wedi dod yn ôl i'r ardal.

17

Bywyd yn dod yn ôl

Mae bywyd gwyllt yn dychwelyd yn gyflym i ardal sydd wedi ei niweidio gan drychineb naturiol. Gall llosgfynydd echdorri a difetha ardal gyfan. Ac eto, yn fuan ar ôl i losgfynydd droi'n fud, bydd planhigion yn dechrau tyfu ar y llethrau lafa. Ar ynysoedd folcanig, mae planhigion yn tyfu o had sydd wedi eu chwythu yno gan y gwynt. Bydd pryfed ac adar yn hedfan i'r ynysoedd. Yn olaf, bydd pobl yn hwylio yno gan godi pentrefi a ffermydd ar y pridd cyfoethog.

▷ Mwsogl yw'r planhigyn cyntaf, fel arfer, i ddechrau tyfu o'r newydd ar ynys folcanig. Mae'n tyfu yn y craciau rhwng y creigiau. Cyn hir fe fydd yn ffurfio pridd lle gall planhigion mwy dyfu.

Yr anifeiliaid cyntaf i ddychwelyd yw pryfed fel y chwilen a'r pili-pala. Y blodau sy'n eu denu nhw. Mae'r pryfed yn denu'r adar sy'n hedfan heibio.

▷ Yn y pridd tywyll sy'n datblygu o ludw llosgfynydd mae llawer o gemegion sy'n helpu planhigion i dyfu. Mae llawer o ffermwyr yn fodlon mentro gweithio mewn ardal folcanig, fel hon ar ynys Jawa, gan eu bod yn gallu tyfu cnydau cyfoethog yno.

Ail echdoriad

Allwch chi ddim ymddiried mewn llosgfynydd. Gall fod yn fud am gannoedd ar gannoedd o flynyddoedd. Efallai y bydd pobl wedi anghofio mai llosgfynydd yw e. Yna, yn sydyn a heb fawr o rybudd, bydd yn ffrwydro unwaith eto. Mae'n debyg y bydd yr echdoriad yn nerthol a ffyrnig dros ben. Mae plwg y llosgfynydd wedi bod yn rhwystro'r magma rhag codi. Ymhen hir a hwyr bydd y pwysau o dan y plwg wedi cronni cymaint nes i'r magma daflu'r plwg o graig solet o'r neilltu mewn ffrwydrad anferth sy'n rhwygo llethrau'r mynydd.

▷ Ym 1883, ffrwydrodd hen losgfynydd ar ynys Krakatoa yn Indonesia. Cafwyd ychydig o ffrwydradau bach i ddechrau cyn i'r llosgfynydd ffrwydro gyda'r glec fwya a gofnodwyd erioed! Cododd y lludw yn uwch nag 80 km a thorrodd tonnau anferth ar lannau ynysoedd India'r Dwyrain. Mae gweddillion y llosgfynydd yn dal yn fyw heddiw.

◁ Pan fydd llosgfynydd mud yn deffro unwaith eto, nid trwy'r agorfa wreiddiol y bydd yn ffrwydro bob tro. Gall fod yr agorfa gyntaf wedi ei chau mor dynn nes i'r magma greu agorfa newydd ar ochr y côn. Yna, fe fydd lludw a nwyon poeth yn chwythu drwy'r twll hwnnw.

Côn gwag

Gall echdoriad beidio mor sydyn ag y dechreuodd. Gall y magma suddo'n ôl i ddyfnderoedd y Ddaear, a gall côn y llosgfynydd gwympo i mewn iddo'i hun. Os ydy canol y llosgfynydd yn suddo, caiff crater crwn anferth ei ffurfio. Callor ydy'r enw arno. Yn aml bydd y callor yn llenwi â dŵr gan greu llyn crwn. Gall echdoriadau pellach greu llosgfynyddoedd bach ar lawr y callor o dan y dŵr.

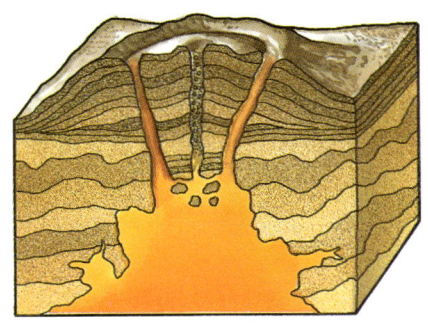

△ Mae magma sy'n syrthio'n ôl o dan losgfynydd yn gallu creu callor sy'n sawl kilometr ar ei draws a channoedd o fetrau o ddyfnder. Fel arfer mae llethrau'r callor yn serth iawn.

◁ Mae Llyn Crater yn Oregon, UDA, yn gallor sy'n rhyw 6,000 o flynyddoedd oed. Ers hynny, mae'r llosgfynydd wedi echdorri gan gynhyrchu pigwn newydd.

△ Callorau'r Llyn Glas a'r Llyn Emrallt ym Mharc Cenedlaethol Tongariro, Seland Newydd. Mae'r llosgfynyddoedd hyn yn fud.

23

Yn dal yn fyw

Ar ôl i losgfynydd fynd yn fud, fe all tystiolaeth aros o'r gwres a fu unwaith yn yr ardal. Fe all y creigiau yn y dyfnderoedd fod yn boeth o hyd. Mae'r glaw sy'n treiddio drwy'r creigiau hyn yn cynhesu. Yna, gall fyrlymu i'r wyneb mewn tarddellau a ffynonellau o ddŵr berw. Mewn ardaloedd fel Parc Cenedlaethol Yellowstone ym Mynyddoedd y Rockies, UDA, bu'r llosgfynyddoedd yn fud ers miliynau o flynyddoedd ond fe geir tarddellau poeth ar hyd a lled yr ardal.

▷ Mae geiser yn ffynnon o ddŵr berw sy'n codi i'r awyr. Fe geir geiser pan fydd y creigiau poeth o dan y ddaear yn berwi'r dŵr, a swigod o ager yn gwthio'r dŵr i fyny trwy gramen y Ddaear. Bydd y geiser yn codi ac yn disgyn gan ei bod hi'n cymryd amser i'r gwasgedd gronni eto ar ôl i'r ager ddianc.

◁ Weithiau bydd y dŵr poeth yn cymysgu â'r pridd a'r cemegion o dan y ddaear ac yn creu pyllau o laid poeth. Bydd y rhain yn berwi ac yn byrlymu ar wyneb y Ddaear. Daw nifer o wahanol gemegion i'r wyneb gan greu pyllau llaid lliwgar.

Wedi hir dawelu

Ymhen hir a hwyr bydd yr holl weithgaredd folcanig mewn ardal yn peidio'n llwyr. Bydd y geiserau a'r pyllau llaid yn tawelu a'r callor yn llenwi. Bydd y llosgfynydd yn troi'n fynydd tawel ac, fel pob mynydd arall, yn erydu'n raddol. Dros filoedd o flynyddoedd caiff ei erydu'n fonyn ac yn y pen draw bydd yn troi'n dir cwbl wastad. Efallai y bydd modd gweld yr agorfeydd a'r sianeli a fu unwaith yn cario'r magma hylif i'r wyneb, ond ymhen hir a hwyr byddant yn troi'n ddim byd ond llwch.

▷ Yn Tequila, México, mae plwg llosgfynydd yn codi ymhell uwchlaw'r tir sydd o'i gwmpas. Mae ochrau'r côn wedi erydu a deunydd y creigiau wedi helpu i greu'r pridd cyfoethog lle mae'r planhigion yn tyfu'n braf.

▷ Yr arwydd olaf o fodolaeth llosgfynydd mewn ardal yw tŵr o graig. Fe fu hwn unwaith yn blwg o fagma solet a oedd yn cau agorfa llosgfynydd. Mae craig y plwg yn galetach na llethrau'r côn ac felly fe fydd y gwynt a'r glaw yn ei herydu'n arafach.

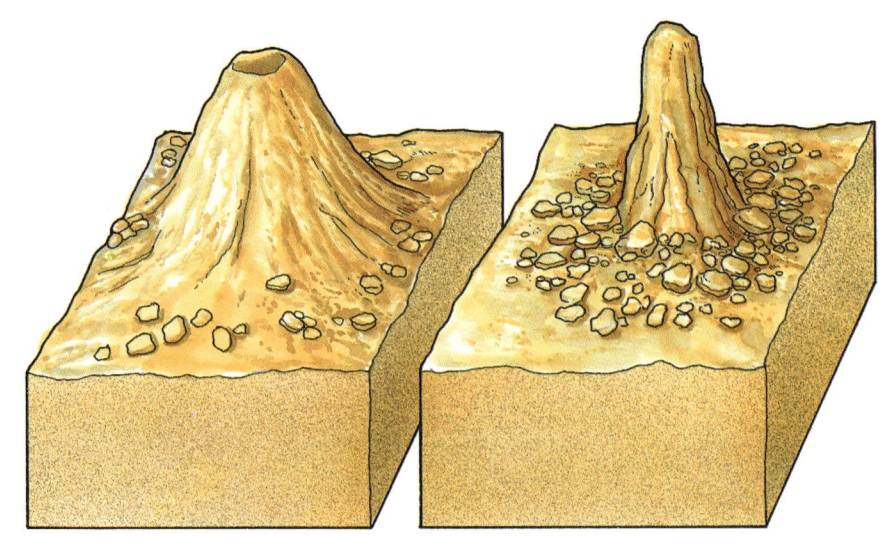

Pobl a llosgfynyddoedd

Rhywbryd yn y gorffennol, bu llosgfynydd bron ym mhob rhan o'r byd. Heddiw, mae llawer o bobl yn byw yn ymyl llosgfynyddoedd byw. Gall llosgfynyddoedd fod yn ddefnyddiol mewn ambell fan. Yng Ngwlad yr Iâ, Seland Newydd a Hawaii mae pobl yn defnyddio ager a dŵr poeth llosgfynydd i wresogi tai a chynhyrchu trydan. Gan fod pridd folcanig yn gyfoethog o gemegion sy'n helpu planhigion i dyfu, mae'r cnydau'n doreithiog.

▽ Mae gorsaf bŵer yn Seland Newydd yn defnyddio'r ager o losgfynydd i gynhyrchu trydan. Dyma un ffynhonnell o ynni naturiol sy'n debyg o bara am filoedd o flynyddoedd.

△ Yn Bali, Indonesia, maen nhw'n tyfu reis mewn pridd folcanig sy'n gyfoethog o fwynau. Mae'r llethrau mor serth nes bod rhaid i'r ffermwyr dorri grisiau, neu derasau, arnynt i gadw'r pridd cyfoethog rhag cael ei olchi i ffwrdd gan y glaw.

Geirfa

Agorfa Twll ar gopa neu ar ochr llosgfynydd lle bydd y magma'n codi i'r wyneb mewn echdoriad.

Bom Darn mawr o lafa sy'n cael ei chwythu allan o losgfynydd mewn echdoriad. Fel arfer mae'n cychwyn fel darn o lafa tawdd ond bydd yn caledu wrth ddisgyn i'r ddaear.

Callor Twll mawr crwn, sawl kilometr mewn diamedr fel arfer, sy'n cael ei greu pan fydd llosgfynydd yn cwympo i mewn iddo'i hun.

Craig Unrhyw ddeunydd caled sy'n cael ei ffurfio gan brosesau naturiol y Ddaear. Caiff rhai creigiau eu ffurfio pan fydd lafa o losgfynydd yn caledu. Caiff creigiau eraill, mwy meddal, eu ffurfio o haenau o fwd a thywod a chreaduriaid marw sy'n syrthio i waelod llynnoedd neu i wely'r môr.

Cramen Haen neu groen allanol y Ddaear. Mae trwch y gramen rhyw 40 km islaw'r cyfandiroedd a 10 km islaw'r moroedd.

Crater Yr agoriad ar dop llosgfynydd sydd yn cael ei greu pan fydd echdoriad yn ffrwydro. Mae'n llai na challor.

Daearegwr Gwyddonydd sy'n astudio fframwaith, ffurfiant a phrosesau naturiol y Ddaear.

Echdoriad Echwythiad o lafa, lludw a nwy o losgfynydd.

Ffynnon dân Chwistrelliad parhaol o lafa tawdd chwilboeth o grater llosgfynydd. Fel arfer, caiff ei chreu gan echdoriad llosgfynydd llydan, fflat yn hytrach na llosgfynydd siâp côn.

Geiser Ffynnon o ddŵr poeth ac ager sy'n codi o'r ddaear yn rheolaidd mewn ardal folcanig. Bydd y dŵr yn y ddaear wedi dod i gysylltiad â chraig boeth.

Lafa Y graig dawdd sy'n cael ei thaflu allan o'r Ddaear gan echdoriad folcanig. Magma ydyw, sydd wedi colli ei holl nwyon ond sy'n dal yn hylif. Mae dau brif fath: lafa tew, gludiog a lafa hylif, rhedegog.

Lludw Darnau bach o lafa sy'n cael eu chwythu allan o losgfynydd mewn echdoriad.

Magma Y graig dawdd o dan wyneb y Ddaear. Ar yr wyneb, bydd magma yn cynhyrchu lafa, lludw a nwyon folcanig.

Mantell Haen o graig dawdd neu chwilboeth yn ddwfn o dan wyneb y Ddaear.

Marw Ni wnaiff llosgfynydd marw fyth echdorri eto.

Mud Mae llosgfynydd mud yn un sydd heb echdorri ers peth amser ond gall echdorri eto yn y dyfodol. I'w gymharu â *Marw*.

Plât Darn o wyneb neu gramen y Ddaear sy'n nofio ar haen y fantell. Mae'r gramen yn cynnwys rhyw chwe phrif blât. Mae pob plât yn tyfu ar hyd un ymyl ac yn cael ei ddinistrio ar hyd ymyl arall. Ar hyd yr ymylon hyn y bydd llosgfynyddoedd yn ffurfio.

Plwg Tŵr o lafa solet sy'n cau agorfa llosgfynydd. Gan fod y plwg yn graig galed iawn, dyma'r darn olaf o'r llosgfynydd i gael ei dreulio gan y gwynt a'r glaw.

Ffeithiau am losgfynyddoedd

Y llosgfynydd uchaf
Ar blaned Mawrth y mae'r llosgfynydd uchaf y gwyddon ni amdano. Mae Olympus Mons, sy'n fud, yn codi 29 km o'r gwaelod i'r copa ac mae ei ddiamedr yn rhyw 600 km.

Mae Volcan Antofalla yn Ariannin, llosgfynydd byw ucha'r byd, yn 6.1 km o uchder yn unig. Cerro Aconcagua, mynydd arall yn Ariannin, ydy llosgfynydd marw ucha'r Ddaear. Mae'n 6.9 km o uchder.

Yr echdoriad ffyrnicaf
Yn Indonesia ym 1815 fe adawodd echdoriad Tambora gallor a oedd 6 km ar ei draws.

Y callor mwyaf
Y callor mwyaf ar y Ddaear ydy Llyn Toba yn Swmatera. Mae'n 50 km o hyd ac 20 km o led. Mae callor Mons Olympus ar blaned Mawrth yn 70 km ar ei draws.

Y llosgfynydd diweddaraf
Ym 1963 ymddangosodd llosgfynydd newydd sbon yn y môr 32 km i'r de-orllewin o Wlad yr Iâ. Ar ôl dwy flynedd roedd yn ynys 2.5 km mewn diamedr. Enw'r ynys ydy Surtsey.

Y ffrwydrad mwyaf swnllyd
Yn Indonesia ym 1883 cynhyrchodd echdoriad Krakatoa ffrwydrad a oedd i'w glywed yn Awstralia, 4,000 km i ffwrdd.

Colli'r nifer fwyaf o fywydau
Fe fu farw rhwng 30,000 a 40,000 o bobl yn nhref St Pierre yn Martinique yn ynysoedd India'r Gorllewin pan echdorrodd Mont Pelée ym 1902.

▷ Saif eglwys y pentref ar ochr llosgfynydd ar ynys Santorini yng ngwlad Groeg. Tua 1500 C.C. cafodd yr ynys ei rhwygo gan echdoriad a oedd mor ffyrnig ag un Tambora. Mae'r llosgfynydd yn awr yn fud.

31

Mynegai

ager 10, 14, 24, 28
agorfa 6, 8, 17, 20, 26, 30
Armero, Columbia 14

Bali 29
bomiau 13, 30

callor 23, 26, 30, 31
Cerro Aconcagua 31
côn 6, 20, 23, 30
craig dawdd 4, 6, 7, 8, 10
cramen 6, 8, 10, 30
crater 6, 17, 23, 30

echdoriad 6, 8, 13, 20, 30
Etna, Mynydd 10

geiser 24, 30

Hawaii 8
Heimaey, Ynys yr Iâ 13

Jawa 13, 19

Kilauea, Hawaii 10
Krakatoa 20, 31

lafa 10, 13, 18, 30

llaid 14, 15, 24
llosgfynyddoedd siâp côn 8, 13
lludw 13, 19, 20, 30
Llyn Crater, UDA 23
Llyn Emrallt, Y, Seland Newydd 23
Llyn Glas, Y, Seland Newydd 23
Llyn Nyos, Cameroun 15

magma 10, 13, 14, 15, 17, 20, 23, 30
mantell 6, 10, 30
Mont Pelée, Martinique 31

nwyon 6, 8, 14, 15, 20

Olympus Mons 31

Parc Cenedlaethol Yellowstone, UDA 24
platiau'r gramen 6, 30
plwg 17, 20, 26, 30
Pompeii 13

St Helens, Mynydd 17
Surtsey 31

Tambora 31
Tequila, México 26
Toba, Llyn 31

Vesuvius 13
Volcan Antofalla 31

White, Ynys, Seland Newydd 6